ساکر
Soccer
Karen Durrie

ساکر
Soccer

Contents

مندرجات

مجھے ساکر بہت پسند ہے۔
میں آج ساکر کھیلوں گا۔
I love soccer. I am going
to play soccer today.

ساکر ساری دنیا میں
کھیلی جاتی ہے۔

Soccer is played all over the world.

4
میں ساکر کھیلنے کے کپڑے پہن کر تیار
ہوتا ہوں۔ میں اپنی سرخ جرسی پہنتی
ہوں۔ اس کے پیچھے ایک نمبر لکھا ہوا ہے۔
I get dressed for soccer.
I put on my red jersey.
It has a number on its back.

ایک ٹیم کے کھاڑی
ایک ہی رنگ کے
کپڑے پہنتے ہیں۔

Players on a team
wear the same color.

میں اپنے کلیٹس پہنتا ہوں۔ ان میں
نوکیں ہوتی ہیں۔ نوکیں مجھے زمین پر
پاؤں جمائے رکھنے میں مدد دیتی ہیں۔
I put on my cleats. They
have spikes. Spikes help
me grip the ground.

میں اپنے کلیٹس پہنتا ہوں۔ ان
میں نوکیں ہوتی ہیں۔ نوکیں
مجھے زمین پر پاؤں جمائے
رکھنے میں مدد دیتی ہیں۔

Soccer cleats help players control the ball.

میں اپنی ٹانگوں پر شِن گارڈز پہنتا ہوں۔ میں ان کو لمبی جرابوں سے ڈھک لیتا ہوں۔

I wear shin guards on my legs. I put long socks over them.

ایک ماہر کی طرح
شِن گارڈز مجھے زخمی
ہونے سے بچاتے ہیں۔
Shin guards keep me
from getting hurt.

میرے پاس ایک ساکر بال ہے۔ یہ کالی اور سفید ہے۔ یہ تیزی سے حرکت کرتی ہے۔

I have a soccer ball. It is black and white. It rolls fast.

ہر سال 100 ملین
ساکر بالز بنائی جاتی ہیں۔

100 million soccer balls are made each year.

میں ساکر کھیلنے کے لیے اپنے دوستوں
سے ملتا ہوں۔ ہم ایک ٹیم ہیں۔

I meet my friends to play soccer. We are a team.

ہم گیم سے پہلے دوڑ
لگاتے ہیں اور بازوؤں
اور ٹانگوں کو پھیلانے
کی ورزش کرتے ہیں۔

We run and stretch before the game.

میں اپنی ٹیم میں ایک فارورڈ ہوں۔ میں بہت زیادہ بھاگتا ہوں۔ میری ٹانگیں تھک جاتی ہیں۔

I am a forward on my team. I do a lot of running. My legs get tired.

بالغ کھلاڑی ایک گیم میں
چھ میل بھاگ سکتے ہیں۔

Adult players can run six miles in one game.

ٹیمیں گیند کو پاس کرتی، کِک کرتی اور اس کے
پیچھے بھاگتی ہیں۔ میں ایک گول کر دیتا ہوں۔
ہم گیم جیت جاتے ہیں۔

The teams pass, kick, and chase the ball. I score a goal. We win the game.

گول ایک کھلاڑی کرتا
ہے، لیکن ایک ٹیم بن کر
کھیلنا گیم جتواتا ہے۔

One player scores, but teamwork wins a game.

مجھے ساکر بہت پسند ہے۔
I love soccer.
20

Soccer

is available in
12 more
bilingual versions.

Arabic

Brazilian Portuguese

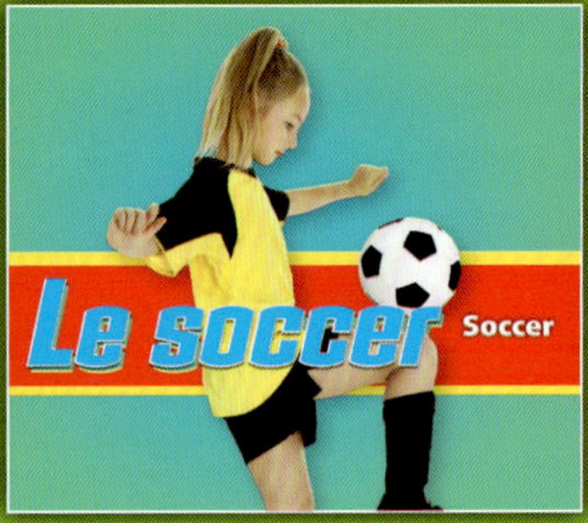

French

Hindi

Korean

Mandarin

Russian

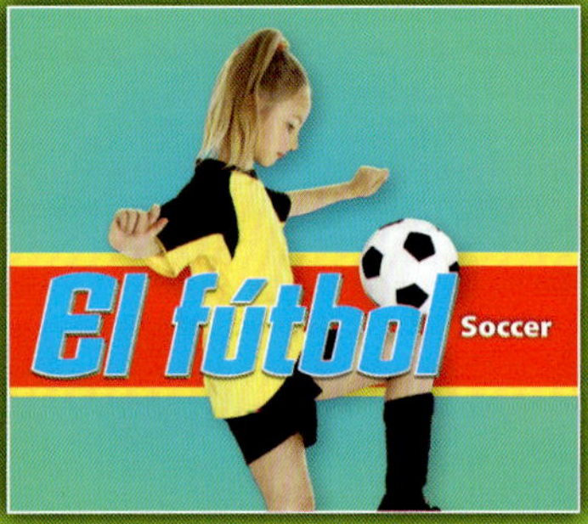

Spanish

Swahili

Tagalog

Ukrainian

Vietnamese

Choose your preferred language for a unique reading experience !

Published by Lightbox Learning Inc.
276 5th Avenue, Suite 704 #917
New York, NY 10001
Website: www.openlightbox.com

Library of Congress Control Number: 2024939615

ISBN 979-8-8745-1695-6 (softcover)

Printed in Guangzhou, China
1 2 3 4 5 6 7 8 9 0 28 27 26 25 24

082024
102923

Designer: Ana María Vidal
Layout: Mandy Christiansen
English Editor: Sara Cucini
Urdu/English Translation:
Absolute Translations

The publisher acknowledges Alamy, Getty Images, iStock, and Shutterstock as the primary image suppliers for this title.